AF724274

ROYALLE DE
MUSIQUE
BELLEROFON

BELLEROPHON

TRAGEDIE.

RERESENTÉE

PAR L'ACADEMIE ROYALE
DE MUSIQUE.

On la vend
A PARIS,
A l'Entrée de la Porte de l'Academie Royale de Musique,
au Palais Royal ruë S. Honoré.

Imprimée aux dépens de ladite Academie.

Par CHRISTOPHE BALLARD, seul Imprimeur
du Roy pour la Musique.
M. DC. LXXIX.

Avec Privilege de Sa Majesté.

Res

LE ROY ayant donné la Paix à l'Europe, l'Academie Royale de Muſique a creu devoir marquer la part qu'elle prend à la joye publique par un Spectacle, où elle puſt faire entrer les témoignages de ſon zele pour la gloire de cet Auguſte Monarque. Elle s'y eſt creuë d'autant plus obligée, que la protection qu'il donne aux beaux Arts les a toûjours fait joüir, pendant le cours meſme de la Guerre, de l'heureuſe tranquilité qui leur eſt ſi neceſſaire. C'eſt ce qui a donné occaſion à cette Tragedie en Muſique: Le Theatre repreſente d'abord le Parnaſſe François, Appollon y vient avec les Muſes celebrer le retour d'une Paix ſi glorieuſe à la France: Pan & Bacchus y arrivent en méme temps, & ſignalent leur joye par des Dances & par des Chants d'allegreſſe: Mais Appollon pour mieux divertir le plus Grand Prince de la Terre, imagine ſur le champ un Spectale, où luy-meſme avec les Muſes veut repreſenter l'Hiſtoire de Bellerophon. Chacun ſçait que ce Heros combatit autrefois la Chimere, monté ſur Pegaſe, & que ce fut d'un coup de pied de ce Cheval que nâquit enſuite la fameuſe Fontaine qui inpire les Vers, & qui a fait naiſtre la Poëſie. On ne ſçait pas trop bien qui eſtoit le Pere de Bellerophon; Les uns tiennent que c'eſtoit Glaucus, les autres le font Fils de Neptune; & c'eſt ſur cette diverſité d'opinions qu'on a formé l'intrigue de cette Piece, & l'Oracle qui en fait le nœud. Amiſodar eſt un Perſonnage Epiſodique, fondé ſur cette Fable, qu'il y a eû une Femme nommée Chimere, qui épouſa un Roy de Lycie, appellé Amiſodar.

Acteurs du Prologue.

APOLLON.
LES NEVF MVSES
BACCHUS.
PAN.
CHOEUR *d'Ægipans & de Menades.*
CHOEUR *de Bergers & de Bergeres.*

ACTEURS DE LA TRAGEDIE.

PALLAS.
IOBATE, *Roy de Lycie.*
STENOBE'E, *Veuve de Pretus, Roy d'Argos,*
PHILONOE' *Fille d'Iobate.*
BELLEROPHON, *creu Fils de Glaucus.*
AMISODAR, *Prince Lycien, Sçavant en Magie, Amoureux de Stenobée.*
ARGIE, *Confidente de Stenobée.*
SACRIFICATEUR.
Ministre du Temple d'Apollon.
LA PYTHIE.
TROUPPE d'Amazones.
TROUPPE de Solymes.
TROUPPE de Magiciens.
CHOEUR de Peuple.

LA SCENE EST A PATARE CAPITALE du Royaume de Lycie.

PROLOGUE.

Le Theatre represente une agreable Vallée, en forme de Costeaux delicieux, au fond desquels paroist le Mont-Parnasse à double sommet, & entre les deux, la Source de la Fontaine d'Helicon. Apollon est assis au haut de cette Montagne, accompagné des Neuf-Muses, qui sont aussi assises des deux costez.

APOLLON.

MUSES, preparons nos Concerts.
Le plus grand Roy de l'Univers
Vient d'asseurer le repos de la Terre;
Sur cét heureux Vallon il répand ses bien-faits.
Aprés avoir chanté les fureurs de la Guerre,
Chantons les douceurs de la Paix.

CHOEUR DES MUSES.

Aprés avoir chanté les fureurs de la Guerre,
Chantons les douceurs de la Paix.

APOLLON.

Par cét Auguste Roy la discorde est bannie.

Pour tous les Dieux sa gloire a tant d'appas,
Que Pan luy mesme oubliant nos debats
Vient icy de nos Chants augmenter l'harmonie.
Bacchus ainsi que luy vient se joindre avec nous,
Pour rendre nos accords plus charmants & plus doux.

Bacchus entre icy d'un costé, accompagné d'Ægipans & de Menades, & Pan entre de l'autre, suivy de Bergers & de Bergeres.

BACHUS.

Du fameux bord de l'Inde, où toûjours la Victoire
Rangea les Peuples sous ma Loy,
Je viens prendre part à la gloire
D'un Vainqueur aussi grand que moy.

PAN.

J'ay quitté les Forests ou je tiens mon Empire,
Pour venir comme vous admirer ce Heros.
Nos Plaines & nos Bois luy doivent leur repos,
C'est par luy seul que tout respire.

TOUS ensemble.

Chantons le plus grand des Mortels,
Chantons un Roy digne de nos Autels.

CHOEUR D'APOLLON, ET DES MUSES.

Par luy tous nos champs refleurissent.

CHOEUR

CHOEUR de Bachus & de Pan.

Les tranquilles plaisirs par luy sont de retour.

CHOEUR d'Apollon & des Muses.

De son nom seul les Echos retentissent.

CHOEUR de Bachus & de Pan.

Si l'on soûpire encor, ce n'est plus que d'amour.

CHOEUR d'Apollon & des Muses.

Tout rit dans nos douces retraites.

CHOEUR de Bachus & de Pan.

Rien ne vient plus troubler le son de nos Musetes.

TOUS ensemble.

Chantons le plus grand des Mortels,
Chantons un Roy digne de nos Autels.

Les Bergers & les Bergeres commencent icy une Entrée, aprés laquelle un Berger chante les deux couplets suivants, qui sont entremeslez de Dances.

CHANSON d'un Berger.

Pourquoy n'avoir pas le cœur tendre?
Rien n'est si doux que d'aimer.
Peut-on aisément s'en deffendre?
Non, non, non, l'Amour doit tout charmer.

Que ſert la fierté dans les Belles?
Tout aime enfin à ſon tour.
Voit-on des rigueurs eternelles?
Non, non, non, rien n'échape à l'Amour.

Aprés cette Chanſon, les Ægipans & les Menades font une Entrée, laquelle eſtant finie, les Bergers & les Bergeres ſe meſlent evec eux, & ils danſent tous enſemble. Cette derniere Danſe eſt ſuivie de ce Dialogue de Bacchns & de Pan.

PAN.

Tour eſt paiſible ſur la Terre,
Voicy l'heureux temps des Amours.

BACCHUS.

Ils n'ont plus à craindre la Guerre,
Qui des Amants troubloit les plus beaux jours.

PAN.

Aimez, Bergers, aimez Bergeres,
Suivez vos plus tendres deſirs.

BACCHUS.

Si l'Amour à des maux il a mille plaiſirs
Qui rendent ſes peines legeres.

BACCHUS & PAN.

Si l'Amour à des maux, il a mille plaiſirs
Qui rendent ſes peines legeres.

APOLLON.

Quittez de si vaines Chansons.
Il faut par de plus nobles sons
Honorer en ce jour le Heros de la France.
Transformons-nous en ce moment,
Et dans un Spectacle charmant
Celebrons à ses yeux l'heureux Evenement,
Qui jadis au Parnasse a donné la naissance.
Allons, pour ce grand Roy redoublez vos efforts,
Preparez vos plus doux accords.

TOUS ensemble.

Pour ce grand Roy redoublons nos efforts,
Preparons nos plus doux accords.

FIN DU PROLOGUE.

BELLEROPHON.

TRAGEDIE.

ACTE PREMIER.

Le Theatre represente vne avant-court du Palais du Roy, au fond de laquelle paroist un grand Arc de Triomphe, & au delà, on découvre la Ville de Patare, Capitale du Royaume de Lycie.

SCENE PREMIERE.

STENOBE'E, ARGIE.

STENOBE'E.

NON, les soulevemens d'vne Ville rebelle
Ne m'ont point fait quitter Argos.
C'est l'Amour seul fatal à mon repos,
C'est le cruel Amour qui dans ces lieux m'appelle.

Pretus n'est plus, & desormais sa mort
Me rend maistresse de mon sort ;
Je puis donner un Diadéme,
Et viens en cette Cour faire un dernier effort
Sur le cœur d'un Ingrat que j'aime.

ARGIE.

Quoy, de Bellerophon l'outrageante froideur
Ne peut de cet amour dégager vostre cœur ?

STENOBÉE.

Malgré tous mes mal-heurs je serois trop heureuse,
Si les mespris pouvoient guerir l'amour.
Ma fierté dés long-temps par un juste retour,
M'auroit fait triompher de ma flâme amoureuse ;
Mais helas ! ma tendresse augmente chaque jour.
Malgré tous mes mal-heurs je serois trop heureuse,
Si les mespris pouvoient guerir l'amour.

ARGIE.

Contre Bellerophon vostre aveugle colere
Aux plus sanglants effets devoit s'authoriser ;
L'amour vous le fait voir toûjours digne de plaire,
C'est assez pour vous appaiser.

STENOBÉE.

Helas ! à quel excez je portay ma vangeance !
Je l'accusay malgré son innocence
De vouloir m'inspirer une coupable ardeur.
Ce fut pour luy ravir & l'honneur & la vie ;
Que Pretus l'envoya chez le Roy de Lycie.

Et quels troubles alors ne ſentit point mon cœur!
En vain, quand l'amour eſt extreſme,
On veut perdre un Ingrat qui nous oſe outrager.
On prend dans ſes mal-heurs plus de part que luy-meſme.
Helas! quand il ſe faut vanger de ce qu'on aime,
Qu'il en coûte pour ſe vanger!

ARGIE.

Ne redoutez plus rien; ce Heros invincible
Aux plus affreux perils tant de fois exposé,
A ſa valeur a trouvé tout poſſible.
Quel triomphe pour vous s'il vous eſtoit aisé
De rendre enfin ſon cœur ſenſible!

STENOBÉE.

Du moins Bellerophon n'a jamais rien aimé,
C'eſt à la gloire qu'il ſe donne,
Et ſon cœur peut eſtre charmé
Par les offres de ma Couronne.
Eſpoir, qui ſeduiſez les Amans mal-heureux,
Pourquoy ſuſpendre ma vangeance?
Ie ſçay, je ſçay combien vous eſtes dangereux,
Ie ſçay que vous allez entretenir mes feux,
Et redoubler leur violence;
Cependant vous rentrez dans mon cœur amoureux,
Et je ſens qu'avec vous il eſt d'intelligence.
Eſpoir, qui ſeduiſez les Amans mal-heureux,
Pourqoy ſuſpendre ma vangeance?

SCENE II.

STENOBE'E, PHILONOE', ARGIE.

PHILONOE'.

Reyne, vous sçavez qu'en ce jour
Ie reçois un Espoux de la main de mon Pere.
I'attends le choix qu'il en doit faire
Entre tous ces Amants qui remplissent sa Cour.
Obtenez qu'il n'en délibere
Que de concert avec l'amour.

Qu'il est doux de trouver dans un Amant qu'on aime
Un Espoux que l'on doit aimer !
Lors que le cœur a choisi de luy-mesme
Le seul Objet qui pouvoit l'enflamer,
Qu'il est doux de trouver dans un Amant qu'on aime
Un Espoux que l'on doit aimer!

STENOBE'E.

Quoy, Princesse, à l'amour vous auriez pû vous rendre?

PHILONOE'.

En vain j'ay voulu m'en défendre.

STENOBE'E.

Et qui donc aimez-vous?

PHILONOE'.

PHILONOE'.

Vn Heros que les Dieux
Ont fait des Conquerans l'exemple glorieux.
Estimé dans la paix, redouté dans la guerre,
Il est, & la terreur, & l'amour de la Terre.

Si pour chercher à vaincre il court dans les hazards,
A ses premiers efforts ses Ennemis se rendent,
Et s'il aime, il n'est point de cœurs qui se défendent
De ses premiers regards.

STENOBE'E.

Ah! c'est Bellerophon.

PHILONOE'

C'est luy, je le confesse,
Ne condamnez point ma tendresse.
Quand mille exploits fameux parlent pour un Amant,
Peut-on resister un moment?
Aprés avoir vaincu deux Nations guerrieres,
Bellerophon ameine en ces lieux fortunez
Les Amazones prisonnieres,
Et les Solymes enchaisnez;
Il possede mon cœur, je puis tout sur son ame.
Reyne, favorisez une si belle flame.

SCENE III.

STENOBE'E, ARGIE.

STENOBE'E

ET je croyois qu'aucune ardeur
N'eust jamais enflamé son cœur?

ARGIE.

Un cœur qui paroist invincible
Peut estre un temps sans se laisser charmer;
Mais on a beau se défendre d'aimer,
Le moment vient d'estre sensible.

STENOBE'E

C'en est fait, l'outrage est trop grand.
Si ses cruels refus faisoient tort à ma gloire,
Au moins il m'estoit doux de croire,
Que mon cœur soupiroit pour un Indifferent.
Mais il aime, & c'est là ce qui me desespere,
Une autre a fait ce que je n'ay pû faire.
Venez, haine, vangeance, & versez dans mon cœur
Vostre poison le plus funeste.
Vous ne sçauriez m'inspirer trop d'horreur
Pour un Ingrat que je deteste.
Suivons, suivons ce desespoir,
Il faut pour vanger mon outrage

Qu'Amisodar serve ma rage ;
Son Art dans les Enfers luy donne tout pouvoir.
Il en peut évoquer quelque Monstre effroyable
Qui porte le ravage & la flâme en ces lieux ,
Il m'aime , & si sur luy je veux jetter les yeux...

ARGIE.

Le Roy vient , contraignez l'ennuy qui vous accable

SCENE IV.

LE ROY, STENOBE'E, ARGIE, Suite.

LE ROY.

Contre Bellerophon , j'ay fait jusqu'à ce jour
Ce que Pretus pouvoit attendre
De l'aveugle Zele d'un Gendre.
Vous vouliez comme luy qu'il perît dans ma Cour.
D'abord , sans connoistre son crime ,
I'abandonnay sa teste aux rigueurs de son sort.
Pretus croyoit sa perte legitime ,
C'estoit assez pour resoudre sa mort:
Mais enfin il est temps de vous ouvrir mon ame.
Aprés qu'il s'est rendu l'appuy de mes Estats ,
Ie dois me conserver son bras :
Ma Fille est l'objet de sa flâme ,

Aujourd'huy de ma main elle attend un Espoux,
C'est luy que je choisis.

STENOBE'E.

Ciel, que me dites-vous?
Choisir Bellerophon! & qui l'auroit pû croire?

LE ROY.

Ses Exploits l'ont rendu digne de cette gloire.

STENOBE'E.

Songez-vous que Pretus vous demanda sa mort?

LE ROY.

Les Dieux ne m'ont point fait arbitre de son sort.

STENOBE'E.

Quoy, vous soûtenez un Coupable?

LE ROY.

Quoy, vôtre haine est implacable?

TOUS DEUX.

Ah! cessez de vous obstiner.

LE ROY.

Malgré vôtre jalouse envie,

STENOBE'E.

Malgré vos soins pour luy sauver la vie,

TOUS DEUX.

Il merite { le prix / la mort } que je luy veux donner.

On entend icy des Timbales & des Trompettes.

STENOBE'E.

A ce bruit éclatant je connois qu'il s'avance.
Je ne vous dis plus rien, mais vous devez ſonger,
Que ſi vous negligez le ſoin de ma vangeance,
Je ſuis Reyne, & puis me vanger.

Aprés que Stenobée eſt ſortie, on voit entrer vne Troupe d'Amazones, & de Solymes enchaînez, dont ceux qui les conduiſent portent les Armes. La Marche que cette Troupe fait ſur le Theatre eſt une eſpece de Triomphe pour Bellerophon qui entre aprés que les Amazones & les Solymes ont paſſé devant le Roy, & pris leur place.

SCENE V.

LE ROY, BELLEROPHON, Troupe d'Amazones, & de Solymes.

LE ROY.

VEnez, venez goûter les doux fruits de la gloire,
Qui dãs tout l'Vnivers vous fait tant de jaloux.

BELLEROPHON.

Seigneur, quand on combat pour vous
N'eſt-on pas ſeur de la victoire?

LE ROY.

Aprés avoir rangé deux Peuples sous mes Loix,
Prince, vostre rare vaillance
Demeureroit sans récompense
Si ma Fille n'estoit le prix de vos exploits.
Vous l'aimez, elle vous aime,
Soyez heureux, j'y consens.

BELLEROPHON.

Ah Seigneur! puis-je encor me connoistre moy-mesme?

LE ROY.

La valeur obtient tout des cœurs reconnoissans.

Vn Heros que la gloire éleve
N'est qu'a demy récompensé,
Et c'est peu si l'amour n'acheve
Ce que la gloire a commencé.

BELLEROPHON.

Surpris de tant d'honneurs je ne puis que me taire.
Quel service assez grand pouvoit les meriter.
I'eusse esté trop temeraire
Si j'eusse osé m'en flater,
Moy qu'un Frere a chassé d'Ephyre,
Ou mon Pere Glaucus avoit donné la Loy.

LE ROY.

Estre l'appuy de mon Empire,
C'est meriter assez d'y regner aprés moy.

Qu'aucun ne garde icy des sujets de tristesse.
A vos Captifs je rends la liberté.

BELLEROPHON, aux Amazones & aux Solymes.

Faites tous voir vôtre allegresse
En sortant de captivité.

Le Roy & Bellerophon estant sortis, ceux qui ont conduit les Amazones & les Solymes, leur ostent les fers, & rendent l'espée aux unes, & la lance aux autres.

AMAZONES.

Quand un Vainqueur est tout brillant de gloire
Qu'il est doux de porter ses fers!

SOLYMES.

Celuy qui nous soûmit commande à la Victoire,
Il soûmetra tout l'Univers.

CHOEUR des Amazones & des Solymes.

Disons cent fois ce qu'on ne peut trop dire,
Heureux qui vit sous son Empire!

Les Amazones & les Solymes commencent icy leurs Danses, & chantent ensuite les paroles suivantes, dont chaque couplet se chante aprés une Entrée.

AMAZONES & SOLYMES.

Faisons cesser nos alarmes,
Goûtons les biens que rend la liberté.

Celuy dont chacun craint les armes
A fait finir nostre captivité.
Un sort si plein de charmes
Met nôtre gloire enfin en seureté.

Rompons le cours de nos larmes,
Nos déplaisirs ont assez éclaté.
Celuy dont chacun craint les armes
A fait finir nostre captivité.
Un sort si plein de charmes
Met nôtre gloire enfin en seureté.

FIN DU PREMIER ACTE.

ACTE SECOND.

Le Theatre repreſente un Iardin delicieux, au milieu duquel paroiſt un Berçeau en forme de Dôme, ſoûtenu à l'entour de pluſieurs Termes: Au travers de ce Berçeau on découvre trois Allées, dont celle du milieu eſt terminée par un ſuperbe Palais en éloignement. Les deux autres finiſſent à perte de veuë.

SCENE PREMIERE.

PHILONOE', Deux Amazones.

AMOVR, mes vœux ſont ſatisfaits,
Il m'eſt doux de porter tes chaiſnes,
Et j'oublie aujourd'huy les peines
Qui de mon cœur avoient troublé la paix,
Cruelles inquietudes,
Soûpirs languiſſans,
Si j'ay ſouffert vos tourments les plus rudes,
Ie n'ay pas trop payé les douceurs que je ſens.

I. AMAZONE.

Les douceurs que l'amour fait trouver dans ses chaînes,
Aux plus heureux Amans ont coûté des soûpirs.

II. AMAZONE.

Les plaisirs qui n'ont point commencé par les peines,
Ne sont jamais de vrais plaisirs.

PHILONOE'.

Chantez, chantez la valeur éclatante
Du plus grand des Heros,
Si la Lycie est triomphante,
C'est à luy qu'elle doit sa gloire & son repos.

I. AMAZONE.

Que de Lauriers sur une seule teste!
Avec luy la Victoire a peine à respirer.

II. AMAZONE.

De l'Vnivers entier il eût fait la conqueste,
Si son grand cœur n'eût sçeu se moderer.

Toutes deux.

Chantons, chantons la valeur éclatante
Du plus grand des Heros;
Si la Lycie est triomphante,
C'est à luy qu'elle doit sa gloire & son repos.

SCENE II.

BELLEROPHON, PHILONOE', AMAZONES.

BELLEROPHON.

PRincesse, tout conspire à couronner ma flâme,
Tout s'apreste pour mon bon-heur.
Sentez-vous les plaisirs qui regnent dans mon ame,
Et les mesmes transports charment-ils vostre cœur?

PHILONOE',

L'amour qui nous unit par de si douces chaînes
A dés long-temps uny tous nos desirs;
A vos soûpirs cent fois j'ay meslé mes soupirs,
Et si j'ay partagé vos peines,
Ie dois partager vos plaisirs.

BELLEROPHON

Qu'un si doux aveu doit me plaire!
Qu'il rend mon destin glorieux!

PHILONOE'.

Quand ma bouche pourroit se taire,
L'Amour feroit parler mes yeux.

Tous deux

Que tout parle à l'envy de nôtre amour extréme,

A ses transports abandonnons nos cœurs,
Et pour goûter toûjours de nouvelles douceurs.
Disons-nous cent fois ; je vous aime.

PHILONOE', voyant Stenobée.

Prince, Adieu ; mon devoir m'appelle auprés du Roy,
Je vous laisse le soin d'entretenir la Reyne.

BELLEROPHON.

Quel cruel supplice pour moy !

SCENE III.

STENOBE'E, BELLEROPHON, ARGIE.

STENOBE'E.

MA presence icy te fait peine.

BELLEROPHON.

Il est vray, je frémis lors que je vous revoy.
Quel destin ennemy vous amène en Lycie?
Y venez vous chercher à troubler mon repos ?
Vous m'avez fait bannir d'Argos,
Ne verray-je jamais vostre haine adoucie ?

STENOBE'E.

S'il te souvient des maux que je t'ay faits,

Qu'il te souvient aussi de ma tendresse extresme;
Ne me reproche point ingrat que je te haïs,
Ou reproche moy que je t'ayme.
I'ay tâché de te perdre, & j'ay crû le vouloir,
I'ay suivy les transports d'une aveugle vangeance;
Mais plus à mon amour j'ay fait de violence,
Plus sur mon cœur il a pris de pouvoir,
Et je ne t'ay jamais haï qu'en apparence.

BELLEROPHON.

Vous m'avez sans relâche accablé de mal-heurs,
Ie n'ay point reconnû l'amour dans vos fureurs.
Si l'amour quelque fois s'abandonne à la rage,
Il est toûjours amour, mesme quand il outrage:
Mais vous toûjours constante à me persecuter,
Vous n'avez épargné ma gloire ny ma vie,
Et je ne dois rien écouter
De ma plus mortelle Ennemie.

SCENE IV.

STENOBE'E, ARGIE.

STENOBE'E.

TU me quittes, cruel! arreste. Il fuit, helas!
Mon amour voit sa honte, & n'en profite pas

Vous ne sçauriez guerir le mal qui me tourmente,
Foibles retours d'un impuissant dépit;
Des mespris d'un Ingrat ma flâme se nourit,
Elle devroit s'éteindre & devient plus ardente.
L'amour trop heureux s'affoiblit,
Mais l'amour mal-heureux s'augmente.

ARGIE.

Quoy, vous pourrez toûjours souffrir
Qu'on vous brave, qu'on vous dédaigne?

STENOBE'E.

Non, il faut dans son sang que mon amour s'eteigne,
Perdons tout, faisons tout perir.

SCENE V.

STENOBE'E, AMISODAR, ARGIE.

STENOBE'E.

Vous me jurez sans cesse une amour éternelle.
Croiray-je Amisodar, croiray-je vos sermens?
Me serez-vous assez fidelle
Pour ne refuser rien à mes ressentiments?

AMISODAR.

Lors que l'amour vous asservit mon ame,
Votre insensible cœur devroit se contenter
De ne pas respondre à ma flame;
Pourquoy me faire encor l'outrage d'en douter?
Vos froideurs, vostre indifference,
Me touchent moins que cette offense,
Ie meurs pour vos divins appas,
Et viens vous demander pour toute récompense
Que vous n'en doutiez pas.

STENOBE'E,

Bellerophon m'a fait une mortelle injure,
Le Roy la connoist & l'endure;
Il le choisit pour Gendre au lieu de le punir.
Troublons l'Hymen qui se prepare
Par une vangeance barbare

Dont le ſeul ſouvenir
Faſſe trembler tout l'avenir.

AMISODAR.

Ie puis de la nuit infernale,
Faire ſortir un Monſtre furieux:
Mais vous-meſme tremblez d'exercer en ces lieux
Vne vangeance ſi fatale.
Preparez-vous à voir nos Peuples allarmez,
Et nos Villes tremblantes.
Le Monſtre couvrira de torrents enflamez
Nos Campagnes fumantes
Et nos champs ne ſeront ſemez
Que des reſtes affreux de Victimes ſanglantes.

STENOBE'E.

Que ce Spectacle ſera doux
A la fureur qui me tranſporte!
Haſtez-vous, haſtez-vous,
De ſervir mon courroux,
Faites ouvrir la terre, & que le Monſtre en ſorte.
Haſtez-vous, haſtez-vous
De ſervir mon courroux.

AMISODAR.

Iuſqu'au fond des Enfers je vay me faire entendre,
Fuyez, Reyne, fuyez;
Vos yeux ſeroient trop effrayez
De l'horreur qu'en ces lieux mes Charmes vont rēpādre.

SCENE.

SCENE VI.

AMISODAR ſeul.

QVe ce Jardin ſe change en un Deſert affreux.

Le Iardin diſparoiſt, & l'on voit en ſa place une eſpece de priſon horrible taillée dans les Rochers, & percée à perte de veuë, avec pluſieurs Chaînes, Cordages, & Grilles de fer qui la rempliſſent de toutes parts.

Noirs Habitans du séjour tenebreux,
Pour m'écouter dans vos demeures ſombres;
Redoublez, s'il ſe peut, le ſilence des Ombres.
Et vous à me ſervir employez tant de fois,
Miniſtres de mon Art, accourez à ma voix.

Quatre Magiciens & quatre Magiciennes paroiſſent, & témoignent en dançant, l'ardeur avec laquelle ils ſe preparent à ſervir Amiſodar. Apres cette Entrée, d'autres Magiciens, au nombre de quatorze, viennent faire avec luy la Scene ſuivante.

SCENE VII.

AMISODAR, MAGICIENS.

MAGICIENS.

Parle, nous voilà prests, tout nous sera possible.

AMISODAR.

Faisons sortir un Monstre horrible.
Pour l'évoquer employez l'Acheron,
Le Cocyte, le Phlegeton;
Faites que vostre voix dans tout l'Enfer résonne.
C'est moy qui vous l'ordonne.

Les Magiciens se jettent icy contre terre pour l'évocation.

MAGICIENS.

Par ce pressant commandement,
Promptement, promptement,
Que le Tenare s'ouvre,
Que l'Enfer se découvre;
Cocyte, Phlegeton, il nous faut du secours,
Pour nous entendre arrestez vostre cours.

AMISODAR.

Poursuivez. Que pour moy vostre pouvoir éclate;
Par Cerbere & la triple Hécate;

Parlez, pressez, appellez, à grand bruit,
Et la Mort & la Nuit.

Les Magiciens se jettent de nouveau contre terre.

MAGICIENS.

Nuit, Mort, Cerbere, Hecate, Erebe, Averne,
Noires Filles du Stix, que la fureur gouverne,
Entendez nos cris, servez-nous,
Nous travaillons pour vous.

AMISODAR.

Le Charme est fait, les Monstres vont paroistre
La Terre s'ouvre & me le fait connoistre.
Rendons aux sombres Deïtez
Les honneurs que de nous elles ont meritez.

La Terre s'ouvre, & on en voit sortir trois Monstres qui s'élevent au dessus de trois Bûchers ardens, l'un en forme de Dragon, l'autre de Lyon, & le dernier de Bouc. Trois des Magiciens montent dessus; Aprés quoy, les quatre qui ont désja dancé font une nouvelle Entrée avec les quatre Magiciennes, pour marquer leur joye de ce que le Charme a reüssi. Leur Dance estant finie, les trois Magiciens qui sont sur les Monstres chantent alternativement les paroles suivantes avec les autres Magiciens.

MAGICIENS.

La Terre nous ouvre,
Ses Gouffres profonds!
L'Enfer se découvre.
Chantons, triomphons
On voit l'onde noire
Pour nous s'arrester.
Victoire, Victoire, Victoire,
Nous avons la gloire
De tout surmonter.
Triomphe, Victoire,
Triomphe, Victoire,
Nous avons la gloire
De tout surmonter
Non, non, rien ne peut nous resister.

AMISODAR.

Vn Monstre seul causeroit plus d'effroy,
Il faut unir ces trois Monstres ensemble.
Par un Charme plus fort & plus digne de moy,
Faisons qu'un seul corps les assemble;
Pour en venir about descendons aux Enfers
Les Gouffres nous en sont ouverts.

Tout s'abysme, & la Terre se referme.

FIN DU SECOND ACTE.

ACTE III.

Le Theatre represente le Vestibule du Temple fameux, où Apollon rendoit ses Oracles dans la Ville de Patare. Ce Temple paroist d'abord fermé dans le fond, & ne s'ouvre que lors que la Ceremonie commence à paroistre.

SCENE PREMIERE.

STENOBE'E, ARGIE.

ARGIE.

QVe vous faites couler & de sang & de larmes
Dans ces tristes climats !
Tout tremble, tout en est en allarmes.
On voit regner par tout l'image du trespas,
Et le Monstre animé par la force des Charmes
Marque de mille morts la trace de ses pas.

STENOBE'E

Lieux deſolez, & remplis de carnage,
Campagnes où le Monſtre a ſemé tant d'horreur,
Ne me reprochez point ma jalouſe fureur,
Dont voſtre embraſement eſt le fatal ouvrage;
L'Amour deſeſperé qui regne dans mon cœur
Vous vange aſſez de ce ravage.

ARGIE.

Quoy, vous ne goûtez point la ſecrette douceur
D'avoir troublé l'Hymen qui vous outrage?

STENOBE'E.

Impuiſſante vangeance! inutile ſecours!
Dequoy peux-tu ſervir quand on aime toûjours?
Les plus cruels tranſports que la fureur inſpire
Conſolent mal un amour outragé.
Ce mal-heureux amour aprés s'eſtre vangé,
N'en fait pas moins ſentir ſon tyrannique empire,
Impuiſſante vangeance! inutile ſecours!
Dequoy peux-tu ſervir quand on aime toûjours?

SCENE II.

LE ROY, STENOBE'E, ARGIE.

LE ROY.

QVe de mal-heurs accablent la Lycie?
Si le Ciel luy gardoit de si funestes coups,
Avant qu'il fit sur elle éclater son courroux,
Que ne m'a-t'il osté la vie?
Ie ne vois en tous lieux que des marques d'effroy,
Que des objets qui m'épouvantent,
Et je partage comme Roy
Les maux que mes Sujets ressentent.

STENOBE'E.

Quand vous voyez vos Peuples abbatus,
Reconnoissez du Ciel la justice supréme.
Vous n'avez pas vangé l'injure de Pretus,
Il la vange luy-mesme.
Bellerophon Victorieux
Cause tous les mal-heurs dont vostre cœur soûpire,
C'est contre luy seul que les Dieux
Ont envoyé le Monstre furieux,
Qui désole tout vostre Empire.
Que sa valeur en délivre ces lieux.
Puis que son crime vous l'attire.

SCENE III.

LE ROY, BELLEROPHON.

BELLEROPHON.

Vous venez consulter l'Oracle d'Apollon?

LE ROY.

Ie viens luy demander ce qu'il faut que j'espere;
De mes Estats c'est le Dieu tutelaire,
Il écoute ma voix, quand j'implore son nom.

BELLEROPHON.

Ce Dieu qui cherit la Lycie
Dans ses mal-heurs voudra la secourir,
Et l'encens qu'en ces lieux vous luy venez offrir
Rendra du Ciel la colere adoucie;
Mais quand le Monstre immole à sa fureur
Tout le sang qu'il trouve à répandre,
Verray-je sans rien entreprendre
Que par luy dans ces lieux tout soit remply d'horreur?

LE ROY.

Ah! Prince, songez-vous que trois Monstres ensemble,
Sont unis dans ce Monstre affreux?
A son aspect il n'est rien qui ne tremble,
De sa brûlante haleine il pousse mille feux.

BELLEROPHON.

BELLEROPHON.

Ces trois Monstres unis n'ont rien qui m'épouvante?
Plus le Combat coute au Vainqueur,
Plus la victoire est éclatante,
Et c'est ce qui flate vn grand Cœur.

SCENE IV.

LE ROY, PHILONOE', BELLEROPHON.

PHILONOE'.

SEigneur, à vôtre voix je viens joindre la mienne,
Aux vœux que vous offrez je viẽs méler mes pleurs,
Et demander au Ciel que la Lycie obtienne
La fin de ses mal-heurs.

LE ROY.

Contre le Monstre qui les cause
Bellerophon veut employer son bras.
Consentirez-vous qu'il s'expose?

PHILONOE'.

Ah! vous-mesme Seigneur, vous n'y consentez pas;
Souffrirez-vous qu'il coure ou la mort est certaine?

BELLEROPHON.

On court à la Victoire en s'exposant pour vous,
Croyez-en l'ardeur qui m'entraîne.

Helas ! ſans les frayeurs dont la Lycie eſt pleine,
Ie ſerois déja voſtre Eſpoux.

PHILONOE'

Eſperons tous des Dieux ; un violent orage
Améne quelque fois le calme le plus doux.

LE ROY.

Le Temple s'ouvre ; entrons, & par un juſte hommage
Meritons que le Ciel appaiſé ſon couroux.

Le Sacrificateur paroiſt avec ſes miniſtres, & un grand nombre de Peuple qui entre dans le Temple en dançant : Aprés la premiere Dance, le Chœur du Peuple chante les paroles qui ſuivent.

SCENE V.

LE ROY, BELLEROPHON. PHILONOE' SACRIFICATEVR, MINISTRES du Temple, CHOEVR de Peuple.

CHOEUR de Peuple.

LE mal-heur qui nous accable
Demande un Dieu favorable:
Entens nous, grand Apollon,
Par la défaite du Serpent Python ;

Par l'eclat de la gloïre
Qui ſuivit ta victoire
Viens nous ſecourir ;
Hâte-toy, ſauve-nous, où bien nous allons perir.

Il ſe fait icy une ſeconde Entrée, aprés laquelle le Peuple chante ce ſecond couplet.

Nos ſoûpirs te font connoiſtre
Le mal-heur qui les fait naiſtre..
Entens-nous grand Apollon,
Par la défaite du Serpent Python.
Par l'éclat de la gloire
Qui ſuivit ta Victoire,
Viens-nous ſecourir;
Hâte-toy, ſauve-nous, où bien nous allons perir.

SACRIFICATEUR.

Reçois grand Apollon, reçois ce Sacrifice,
Fais que le Ciel nous ſoit propice.

CHOEUR de Peuple.

D'un Cœur ſoumis nous t'adreſſons nos vœux,
Eſcoute un Peuple mal-heureux.

SACRIFICATEUR verſant du vin ſur la teſte de la Victime.

Par ce vin répandu fais ceſſer nos allarmes,
Arreſte le cours de nos larmes.
Tu vois quel triſte ſort nous accable aujourd'huy ;
Preſte-nous ton appuy.

Vous qu'à me ſeconder un zele ardent anime,
Avancez, il eſt temps d'immoler la Victime.

Les Miniſtres du Temple s'avancent auprés du Scrificateur, & immolent la Victime.

CHOEUR de Peuple.

Dieux, qui connoiſſez nos mal-heurs,
Laiſſez-vous toucher de nos pleurs.

SACRIFICATEUR monſtrant le cœur de la Victime.

Eſperons, je ne voy que Signes favorables.
Nos vœux au Ciel doivent eſtre agreables.

Il jette le cœur & les entrailles dans le feu.

CHOEUR de Peuple.

Aprés un augure ſi doux,
Tâchons de meriter que les Dieux ſoient pour nous.

Le Peuple dance icy à lentour du feu, & chante enſuite ce premier couplet.

Montrons noſtre allegreſſe,
Ne parlons plus de chagrin.
Renonçons à la triſteſſe,
Nos mal-heurs vont prendre fin.
Quand le Ciel eſt propice à nos vœux,
Banniſſons l'ennuy qui nous preſſe,
Nous allons tous eſtre heureux.

Le Peuple continuë ſa dance, & chante ce ſecond couplet.

Le Ciel veut qu'on eſpere,
Il adoucit ſon couroux.
Noſtre hommage a ſçeu luy plaire,
Tout s'eſt declaré pour nous.
Banniſſons les ſoûpirs de ces lieux;
Ne craignons plus rien de contraire;
Nos maux ont touché les Dieux.

SACRIFICATEUR.

Tout m'aprend qu'Apollon dans nos vœux s'intereſſe;
Redoublez à l'envy vos marques d'allegreſſe.

Le Peuple commence une nouvelle Dance à l'entour du Feu, & chante les paroles qui ſuivent.

Aſſez de pleurs
Ont ſuivy nos mal-heurs;
De noſtre zele
Voy l'ardeur fidelle.
C'eſt en toy ſeul que noſtre eſpoir eſt mis:
Viens de nos maux adoucir les atteintes,
Finis nos plaintes,
Calme nos craintes:
Fléchy pour nous les Deſtins ennemis.
L'Amour languit troublé de nos alarmes,
Rapelle icy tous ſes charmes,
Toy que ſes traits ont tant de fois ſoûmis.

Vn Monstre affreux
Nous rend tous mal-heureux.
Fais de sa rage
Cesser le ravage.
C'est en toy seul que nostre espoir est mis.
Viens de nos maux adoucir les atteintes,
Finis nos plaintes,
Calme nos craintes,
Fléchy pour nous les Destins ennemis:
L'Amour languit troublé de nos allarmes;
Rapelle icy tous ses charmes,
Toy que ses traits ont tant de fois soûmis.

SACRIFICATEUR.

Digne Fils de Latone & du plus grand des Dieux,
Parle, & deigne regler le destin de ces lieux.

L'Autel qui a paru s'enfonce, & la Pythie sort de son antre les cheveux épars: En mesme temps on entent de grands éclats de Tonnere: Le Temple tremble, & on le voit tout brillant d'éclairs.

LA PYTHIE.

Gardez tous un silence extresme,
Apollon vous entent & va parler luy-mesme.
Son approche des-ja fait briller les éclairs,
Entendez raisonner le sifflement des airs,
Escoutez le bruit du Tonnerre,
Voyez trembler & le Temple & la Terre,
Il va paroistre, je le voy;
A son aspect, fremissez comme moy

La Pytie se panche vers la Terre, tandis qu'Apollon paroist en Statuë d'or, & prononce l'Oracle qui suit,

APOLLON.

Que vostre crainte cesse.
Vn des Fils de Neptune appaisera pour vous
Le celeste couroux.
Pour l'en recompenser, il faut que la Princesse
Le prenne pour Espoux.

La Pytie s'enfonce dans l'Antre d'où elle est sortie. Apollon disparoist, & le Peuple se retire.

LE ROY A BELLEROPHON & A PHILONOE'

Vous l'avez entendu, je n'ay rien à vous dire,
Ie plains vos déplaisirs, comme vous, j'en soupire;
Mais rien n'est preferable au repos de ces lieux:
Soûmettons-nous aux Dieux.

SCENE VI.

BELLEROPHON, PHILONOE',

BELLEROPHON.

DAns quel accablement cét Oracle me laisse!

PHILONOE'.

Ah! cruelle surprise!

BELLEROPHON.

O funeste revers!
Quoy? je vous pers, belle Princesse?

PHILONOE'

Quoy? Bellerophon, je vous pers?

TOUS DEUX.

Helas! n'avons nous eû le destin favorable,
Que pour mieux ressentir le coup qui nous accable?

BELLEROPHON.

Mes vœux alloient estre contents

PHILONOE'

Iamais sort n'eust esté plus heureux que le nostre.

TOUS DEUX.

Qui croiroit que deux cœurs si tendres, si constans,
Ne fussent pas destinez, l'un pour l'autre?

BELLEROPHON.

Vous ne serez donc point à moy?
Quel prix d'une ardeur si fidelle!

PHILONOE'.

N'y pensons plus.

BELLEROPHON.

Quoy? vous pourrez, cruelle,
Engager ailleurs vostre foy?

PHILONOE'.

PHILONOE'.

Briſez, briſez une fatale chaîne.
Quand j'ay receu l'hommage de vos vœux,
Ie croyois que le Ciel conſentiroit ſans peine
Que l'Hymen nous rendiſt heureux,
Et je n'attendois pas l'Oracle rigoureux
Qui nous ſacrifie à ſa haine.

BELLEROPHON.

Non, non, quoy qu'il ayt ordonné,
On ne verra jamais que mon amour s'éteigne,
Ie n'examine point ce qu'il faut que je craigne
De l'Oracle fatal qui vient d'eſtre donné:
Que le deſtin jaloux d'une flâme ſi belle
Me porte encor des coups plus rigoureux;
Au moins je puis eſtre fidelle,
Si je ne ſçaurois eſtre heureux.

PHILONOE'.

Se peut-il que le Ciel contre un amour ſi tendre
Exerce toutes ſes rigueurs?

BELLEROPHON.

De ſes ordres cruels l'Amour doit-il dépendre?

TOUS DEUX.

Animons-nous malgré nos mal-heurs,
Ce n'eſt pas au Deſtin à ſeparer les cœurs.

FIN DU TROISIESME ACTE.

ACTE QATRIESME.

Des Rochers fort hauts & fort escarpez, couverts de Sapins & d'autres Arbres solitaires, font la Decoration de cét Acte. Au fond du Theatre paroist un Rocher de la mesme hauteur, & garny des mesmes Arbres. Il est percé par trois Grotes, au travers desquelles on découvre un Païsage à perte de veuë.

SCENE PREMIERE.

AMISODAR.

QVEL Spectacle charmant pour mon cœur amoureux!
Ces Morts de tous costez étendus dans les plaines
Me sont de seurs garands de la fin de mes peines;
Tout perit pour me rendre heureux.
Fontaines, tarrissez; embrasez-vous, Montagnes,
Brustez, Forests, sechez, Campagnes,

Toutes les horreurs que je voy
Sont autant de sujets de triomphe pour moy.

Quand on obtient ce qu'on aime,
Qu'importe à quel prix?
Que tout l'Univers surpris
Condamne l'amour extresme
Qui couste tant de sang, de larmes, & de cris,
Quand on obtient ce qu'on aime,
Qu'importe à quel prix?

SCENE II.

ARGIE, AMISODAR.

ARGIE.

IL faut, pour contenter la Reyne,
Rendre le Monstre à l'eternelle nuit;
Bellerophon au desespoir reduit
S'apreste à le combatre, & sa perte est certaine;
Mais cette prompte mort finit trop tost sa peine.
Quand un fatal Oracle est contraire à ses vœux,
S'il ne souffre long-temps, il n'est point mal-heureux.
Puis qu'un Fils de Neptune épouse la Princesse,
Laissez vivre l'Ingrat dans ses jaloux transports;
Voir aux mains d'un Rival l'Objet de sa tendresse,
C'est tous les jours endurer mille morts.

AMISODAR.

Le laisser vivre! O Dieux! que faut-il que je pense?
Ie voy pour luy la Reyne s'allarmer
Lors que sa mort est preste à remplir sa vangeance.
Est-ce le haïr ou l'aimer?

ARGIE.

Monstrez que vostre cœur ne cherche qu'à luy plaire,
Pourquoy penetrer dans le sien?
Quand l'Objet aimé parle, un Amant doit tout faire,
Et n'examiner rien.

AMISODAR.

Non, non, que mon Rival perisse,
Est-ce à moy d'empescher qu'il ne perde le jour?

ARGIE.

Il faut faire à la Reyne encor ce Sacrifice,
Ou renoncer à vostre amour.

VOIX derriere le Theatre.

Tout est perdu, le Monstre avance,
Sauvons-nous, sauvons-nous.

AMISODAR.

Le Monstre aproche, éloignez-vous.

ARGIE.

Ciel, contre sa fureur embrasse ma défense.

SCENE III.

VNE NAPE'E, ET VNE DRYADE ensemble.

PLaignons, plaignons les maux qui desolent ces lieux,
Les pleurs qu'ils font couler devroiët toucher les Dieux.

DRYADE.

Il n'est plus d'herbes dans les plaines.

NAPE'E.

Il n'est plus d'eaux dans les Fontaines.

DRIADE.

Tout perit.

NAPE'E.

Tout tarit

DRYADE.

Quel excés d'ennuis!

NAPE'E.

Quelles peines!

NAPE'E & DRYADE.

Plaignons, plaignons les maux qui désolent ces lieux;
Les pleurs qu'ils font couler devroiët toucher les Dieux.

SCENE IV.

DIEVX des Bois, Vne NAPE'E & une DRYADE.

DIEUX DES BOIS.

LEs Forests sont en feu, le ravage s'augmente,
Ce n'est par tout qu'épouvante & qu'horreur.

NAPE'E & DRYADE.

Du Monstre, comme vous, nous sentons la fureur,
Voyez cette Plaine brulante.

DIEUX DES BOIS.

Helas! que sont-ils devenus
Ces Bois dont nous faisions nos retraites tranquilles?

NAPE'E & DRYADE.

Ces Eaux qui serpentoient dans ces Plaines fertilles?
Ces Eaux, helas! ne coulent plus.

DIEUX DES BOIS.

Que de tristes allarmes!

NAPE'E & DRYADE.

Que de sujets de larmes!

Tous ensemble.

Pour adoucir le Ciel qui voit tant de mal-heurs,
Ioignons nos soûpirs & nos pleurs.

SCENE V.

LE ROY, BELLEROPHON.

LE ROY.

AH Prince! ou vous emporte une ardeur trop guerriere?
En vain à cent perils on vous a veu courir,
En vain vostre grand nom remplit la Terre entiere,
Vous cherchez un Combat ou vous allez perir.

BELLEROPHON.

Ie ne vay point combatre un Monstre redoutable
Pour remplir de mon nom l'Univers étonné,
Ie vais, Amant infortuné,
Finir un sort trop déplorable.
Cent fois, jusqu'à ce triste jour
I'ay hazardé ma vie en cherchant la victoire.
Ce que j'ay fait animé par la gloire,
Ne le pourrai-je faire animé par l'amour?

LE ROY.

Suivre un amour trop temeraire,
C'est vous livrer vous-mesme au plus funeste sort.

BELLEROPHON.

Accablé de mal-heurs, puis-je craindre la mort?

LE ROY.

Ménagez vostre vie, elle m'est toûjours chere :
Par ces aymables nœuds
Que je vous destinois avec mon Diadéme,
Par la Princesse mesme.
Accordez, accordez quelque chose à mes vœux.
Ie vais faire à Neptune offrir un Sacrifice:
Allons sçavoir ses volontez,
Peut-estre il nous sera propice.

BELLEROPHON.

En vain, Seigneur vous me flattez,
Puis qu'à son Fils vous devez la Princesse,
Au moins en combattant laissez-moy faire voir
Que mon amour meritoit sa tendresse.

LE ROY.

Ah ! que je crains pour vous ce fatal desespoir !
Adieu, quand le peril ne vous peut émouvoir ;
Ie dois vous cacher ma foiblesse.

On commence à voir icy tout le Païsage de l'enfoncement du Theatre, remply de feu & de fumée, pour marquer le dégast que fait la Chimere dans le Païs.

SCENE.

SCENE VI.

BELLEROPHON.

HEureuse mort, tu vas me secourir
Dans mon mal-heur extréme
Ie cours m'offrir au Monstre asseuré de perir,
Mais je m'en fais un bien supréme.
Quand on a perdu ce qu'on aime,
Il ne reste plus qu'à mourir.

On voit icy Pallas dans un Char de Nüages du costé droit, & en mesme-temps paroist un autre Char vuide qui descend jusques sur le Theatre du costé gauche.

SCENE VII.

PALLAS dans son Char, BELLEROPHON.

PALLAS.

ESpere en ta valeur, Bellerophon, espere,
Pallas descend du Ciel pour t'ofrir son secours.

BELLEROPHON.

Déesse, en vain tu prens soin de mes jours,
Quand la mort seule peut me plaire.

PALLAS.

Ton sort est marqué dans les Cieux,
Viens, monte dans ce Char, & t'abandonne aux Dieux.

Bellerophon monte dans le Char, & est enlevé sur le Ceintre, avec Pallas. Cependant on entend le Peuple qui exprime sa desolation par ces Vers.

CHOEUR DE PEUPLE derrier le Theatre.

Quelle horreur! quel triste ravage!
Le Monstre redouble sa rage.

Pendant qu'on entend les cris des Peuples épouvantez, la Chimere paroist au fond du Theatre, & en mesme-temps Bellerophon monté sur Pegase, fond du haut de l'air, & aprés un premier Combat avec la Chimere, il se sauve dans les airs, & traverse tout le Theatre.

CHOEUR DE PEUPLE derriere le Theatre, pendant le combat de Bellerophon.

Vn Heros s'expose pour nous,
Dieux, soûtenez son bras, & conduisez ses coups.

Bellerophon fond une seconde fois sur la Chimere, au millieu du Theatre & aprés qu'il a disparu un moment en s'élevant sur le Ceintre, il paroist pour la troisiéme fois, descend sur le devant du Theatre, attaque de nouveau la Chimere, la blesse à mort, & se sauve en l'air, faisant son vol en rond, & aprés trois tours, on le voit se perdre dans les nuës: Cependant la Chimere tombe morte entre les Rochers; ce qui donne lieu à la joye que marque le Peuple par les Vers suivants.

CHOEUR DE PEUPLE derriere le Theatre.

Le Monstre est défait. Quelle gloire!
Bellerophon remporte la victoire,

FIN DU QUATRIESME ACTE.

ACTE CINQUIESME.

Le Theatre represente une grande avant-court d'un Palais qui paroist élevé dans la Gloire. On y monte par deux grands degrez qui forment les deux costez de cette Decoration en ovale, & qui sont enfermez par deux grands Bastimens d'Architecture, d'une hauteur extraordinaire. Les deux Degrez & les Galleries qui les environnent, sont remplis des Peuples de la Licye assemblez en ce lieu pour y recevoir Bellerophon, que Pallas doit ramener aprés la défaite de la Chimere.

SCENE PREMIERE.

LE ROY, PHILONOE', CHOEUR DE PEUPLE.

LE ROY.

PREPAREZ vos chants d'allegresse,
Peuples, c'est en ce lieu que pour nostre bon-heur
Pallas doit ramener un illustre Vainqueur,
Que le Ciel pour Espoux destine à la Princesse.

Enfin nos vœux ont reüssi,
Vn Oracle confus faisoit nostre infortune;
Mais cet Oracle est éclaircy,
Bellerophon est le Fils de Neptune.
Pour nous le declarer, dans son Temple, à nos yeux,
Ce Dieu des Mers vient de paroistre;
Luy-mesme pour son sang a daigné reconnoistre
Ce Heros glorieux.
D'une Nymphe jalouse il craignit la colere,
Et quand Bellerophon reçût de luy le jour,
Il voulut que Glaucus feignist d'estre son pere;
Il revient Triomphant, celebrez son retour.

CHOEUR de Peuple.

Viens, digne Sang des Dieux, joüir de ta victoire;
Chacun est charmé de ta gloire,
Et pour chanter tes grands exploits,
Nous allons tous joindre nos voix.

LE ROY.

Et toy, ma fille, abandonne ton ame
Aux transports de ta flâme.
Bellerophon t'est donné pour Espoux.

PHILONOÉ.

Aprés tant de rudes alarmes,
Pouvons-nous trop goûter les charmes
D'un changement si doux?

LE ROY.

Qu'il est grand ce Heros, qui ne voit point d'obstacles
Que le Sort contre luy ne forme vainement!

PHILONOÉ.

Pour tout vaincre, il suffit qu'un Heros soit Amant,
La valeur & l'amour font toûjours des miracles.

TOUS DEUX.

La valeur & l'Amour, font toûjours des miracles.

CHOEUR de Peuple.

O jour pour la Lycie à jamais glorieux,
Où le Sang de nos Rois s'unit au Sang des Dieux!

SCENE II.

LE ROY, STENOBÉE, PHILONOÉ, ARGIE, CHOEUR de Peuple.

LE ROY.

Venez-vous partager l'allegresse publique?
Enfin pour nous le Ciel s'explique,
Neptune a reconnu Bellerophon pour Fils.

STENOBÉE.

Je sçay tout. Dieux cruels, vous l'avez donc permis?

LE ROY.

Bellerophon cause-t'il cette plainte?

STENOBÉE.

C'est luy seul, il est vray, qui fait mon desespoir.
Du plus ardent amour, j'eus pour luy l'ame atteinte,

Et pour toucher son cœur j'ay manqué de pouvoir.
Toujours l'ingrat dédaigna ma tendresse ;
Preste à luy voir enfin épouser la Princesse,
I'ay voulu renverser vos odieux projets.
Amisodar m'aimoit, j'ay fait agir ses Charmes,
Et le Monstre par luy remplissant tout d'allarmes,
N'a versé que pour moy le sang de vos Sujets.

LE ROY.

Le Traistre! qu'on l'arreste.

STENOBE'E.

Il s'est mis par la fuite
A couvert de vostre poursuite ;
Mais il traisne avec luy son crime & son amour.

LE ROY.

Quoy, le Ciel souffre encor que vous voyiez le jour?

STENOBE'E.

I'ay prevenu tout ce que peut sa haïne.
La justice que je me rends
M'a fait par le poison mettre fin à ma peine.
Ie le sens, qui déja coule de veine en veine,
Déja le jour se cache à mes regards mourans.
Vous, de qui la rigueur m'a toujours poursuivie
Avec ses plus funestes traits,
Dieux inhumains, j'abandonne la vie ;
Estes-vous satisfaits ?
Et toy, cruel Amour, reçois une Victime
Que tu cherchois à t'immoler ;
Ie meurs pour expier le crime

Des feux dont tu m'as fait brusler.
Ie n'ay pû m'affranchir de ton barbare empire
Qu'en renonçant au jour ;
Voy mes derniers soûpirs , impitoyable Amour,
I'expire.

PHILONOE'.

Quel excés de fureur?

LE ROY.

Sa mort en est le prix ,
Mais oublions & son crime & sa peine ;
Voicy Bellerophon que Pallas nous raméne ,
Son Triomphe doit seul occuper nos esprits.

On voit Pallas dans un Char , & Bellerophon avec elle. Tandis qu'elle descend , le Peuple marque sa joye par le son des Timbales, des Trompettes, & de tous les autres Instruments.

SCENE III.

PALLAS , LE ROY, BELLEROPHON, PHILONOE', COEVR de Peuple,

PALLAS.

Connoissez le Fils de Neptune
Dans ce jeune Heros.

A sa seule valeur vous devez le repos
Qui succeda à vostre infortune.
Pallas le raméne en ces lieux.
C'est luy qui doit épouser la Princesse,
Faites-en tous paroistre une entiere allegresse,
Et rendez grace aux Dieux.

Bellerophon descend du Char, & Pallas est enlevée sur le Ceintre.

BELLEROPHON A PHILONOE'.

Enfin je vous revoy, Princesse incomparable.

PHILONOE'.

O changement à mes vœux favorable!

TOUS DEUX.

Quel plaisir de voir en ce jour
Le Destin ceder à l'Amour!

LE ROY.

Ioüissez des douceurs que l'Hymen vous prepare,
Vivez heureux, vivez toûjours Amants:
Que tous vos moments
Soient doux & charmants,
Et qu'un bon-heur sans fin répare
Ce qu'un sort rigoureux vous causa de tourments.

On entend icy les Timbales & les Trompettes, & tous les autres Instruments, dont le son se mesle aux acclamations du Peuple qui chante les Vers suivants.

CHOEUR de Peuple.

Le plus grand des Heros rend le calme à la Terre,
Il fait cesser les horreurs de la Guerre.
Ioüissons à jamais
Des douceurs de la Paix.

Neuf Lyciens se détachent, & font icy une Entrée, aprés laquelle le Peuple chante les deux couplets qui suivent, au mesme son des Timbales, des Trompettes, & de tous les autres Instruments.

CHOEUR de Peuple.

Les plaisirs nous preparent leurs charmes,
Ne songeons plus qu'à passer de beaux jours.
Si le Ciel nous fit verser des larmes,
Vn heureux sort en arreste le cours.
Puis qu'un Heros fait cesser nos allarmes,
Cherchons les jeux, les ris & les amours.

Que la Paix qui succéde à la peine,
Fait aisément oublier les soûpirs!
Si le Ciel nous soûmit à sa haîne,
Vn heureux sort satisfait nos desirs:
Dans les beaux jours qu'un Heros nous raméne.
Cherchons les Ris, les Ieux, & les Plaisirs.

FIN.

PERMISSION

POUR TENIR ACADEMIE ROYALE de Musique, en faveur du Sieur de Lully.

LOUIS, par la Grace de Dieu, Roy de France & de Navarre; A tous presens & à venir, SALUT. Les Sciences & les Arts étant les Ornemens les plus considerables des Estats; Nous n'avons point eû de plus agreables Divertissemens, depuis que Nous avons donné la Paix à nos Peuples, que de les faire revivre, en appellant prés de Nous tous ceux qui se sont acquis la reputation d'y exceller, non seulement dans l'étenduë de Nôtre Royaume; mais aussi dans les Païs Etrangers; & pour les obliger d'avantage de s'y perfectionner; Nous les avons honorez des marques de nôtre estime & de nôtre bien-veillance: Et comme entre les Arts Liberaux, la Musique y tient un des premiers rangs, Nous aurions dans le dessein de la faire reüssir avec tous ces avantages, par nos Lettres Patentes du 28. Juin 1669. accordé au Sieur Perrin une Permission d'établir à nôtre bonne Ville de Paris, & autres de nôtre Royaume, des Academies de Musique pour chanter en public des Pieces de Theatre, comme il se pratique en Italie, en Allemagne & en Angleterre, pendant l'espace de douze années: Mais ayant esté depuis informé que les peines & les soins que ledit Sieur Perrin a pris pour cet établissement n'ont pû seconder pleinement nôtre intention, & élever la Musique au point que Nous nous l'étions promis; Nous avons crû, pour y mieux reüssir, qu'il étoit à propos d'en donner la conduite à une personne, dont l'experience & la capacité Nous fussent connuës, & qui eût assez de suffisance pour fournir des esleves, tant pour bien chanter & actionner sur le Theatre, qu'à dresser des bandes de Violons, Flûtes, & autres Instrumens. A CES CAUSES, bien informez de l'intelligence & grande connoiſſance que s'eſt acquis nôtre cher & bien amé Jean-Baptiſte Lully au fait de la Muſique, dont il Nous a donné & donne journellement de tres-agreables preuves depuis pluſieurs années qu'il s'eſt attaché à nôtre ſervice, qui Nous ont convié de l'honorer de la Charge de Sur-Intendant & Compoſiteur de la Muſique de nôtre Chambre; Nous avons audit Sieur Lully permis & accordé, permettons & accordons par ces preſentes ſignées de nôtre main, d'établir une ACADEMIE Royale de Muſique dans nôtre bonne Ville de Paris, qui ſera compoſée de tel nombre & qualité de perſonnes qu'il aviſera bon eſtre, que Nous choiſirons & arreſterons ſur le rapport qu'il Nous en fera, pour faire des Repreſentations devant Nous, quand il nous plaira, des pieces de Muſique qui ſeront compoſées, tant en Vers François, qu'autres Langues étrangeres, pareilles & ſemblables aux ACADEMIES d'Italie; Pour en joüir ſa vie durant, & aprés luy, celuy de ſes enfans qui ſera pourveu & receu en ſurvivance de ladite Charge de Sur-Intendant de la Muſique de nôtre Chambre, avec pouvoir d'aſſocier avec luy qui bon luy ſemblera, pour l'établiſſement de ladite ACADEMIE, & pour le dédommager des grands frais qu'il conviendra faire pour leſdites Repreſentations, tant à cauſe des Theatres, Machines, Decorations, Habits, qu'autres choſes neceſſaires. Nous luy permettons de donner au public toutes les pieces qu'il aura compoſées, meſme celles qui auront eſté repreſentées devant Nous, ſans neantmoins qu'il puiſſe ſe ſervir pour l'execution deſdites Pieces, des Muſiciens qui ſont à nos gages: Comme auſſi de prendre telle ſomme qu'il jugera à propos, & d'établir des Gardes & autres gens neceſſaires aux portes des lieux où ſe feront leſdites Repreſentations: Faiſant tres-expreſſes inhibitions & deffenſes à toutes perſonnes de quelque qualité & condition qu'elles ſoient, meſme aux Officiers de nôtre Maiſon d'y entrer ſans payer: Comme auſſi de faire chanter aucune Piece entiere en Muſique, ſoit en Vers François, ou autres Langues, ſans la permiſſion par écrit dudit Sieur Lully, à peine de dix mil livres d'amende, & de confiſcation des Theatres, Machines, Decorations, Habits, & autres choſes, applicables un tiers à Nous, un tiers à l'Hoſpital General, & l'autre tiers audit Sieur Lully: Lequel pourra auſſi établir des Eſcoles particulieres de Muſique en nôtre bonne Ville de Paris, & par tout où il jugera neceſſaire pour le bien & l'avantage de ladite Academie

Royale. Et d'autant que Nous érigeons sur le pied de celles des Academies d'Italie, où les Gentils-hommes chantent publiquement en Musique sans déroger : VOULONS ET NOUS PLAIST, que tous Gentils-hommes & Damoiselles puissent chanter ausdites Pieces & Representations de nôtre Academie Royale, sans que pour ce ils soient censez déroger audit Titre de Noblesse, & à leurs Privileges, Charges, Droits & Immunitez : Revoquons, cassons, & annullons par cesdites Presentes, toutes Permissions & Privileges que Nous pourrions avoir cy-devant données & accordées, mesme celuy dudit Perrin, pour raison desdites Pieces de Theatre en Musique, sous quelques noms, qualitez, conditions & pretextes que ce puisse estre. SI DONNONS EN MANDEMENT à nos amez & feaux Conseillers, les Gens tenans nôtre Cour de Parlement à Paris, & autres nos Justiciers & Officiers qu'il appartiendra ; Que ces Presentes ils ayent à faire lire, publier & enregistrer, & du contenu en icelles, faire joüir & user ledit Exposant pleinement & paisiblement, cessant & faisant cesser tous troubles & empeschemens au contraire : CAR tel est nôtre plaisir : Et afin que ce soit chose ferme & stable à toûjours, Nous avons fait mettre nôtre Scel à cesdites Presentes. DONNE' à Versailles au mois de Mars, l'an de grace mil six cens soixante-douze : Et de nôtre Regne le vingt-neufiéme. Signé, LOUIS. Et à costé, *Visa*, LOUIS. Et plus bas, Par le Roy, COLBERT. Et encore est écrit.

REgistrées, oüy le Procureur General du Roy, pour estre executées, & joüir par l'Impetrant de l'effet & contenu en icelles selon leur forme & teneur, suivant l'Arrest de ce jour. A Paris en Parlement le vingt-septiéme Iuin mil six cens soixante-douze. Signé ROBERT.

PRIVILEGE DU ROY.

LOUIS par la grace de Dieu, Roy de France & de Navarre : A nos amez & feaux Conseillers les Gens tenans nos Cours de Parlement, Maistre des Requestes ordinaire de nôtre Hostel

& du Palais, Baillifs, Seneschaux, leurs Prevosts & Lieutenans, & tous autres nos Justiciers & Officiers qu'il appartiendra, SALUT. Nôtre bien amé Jean-Baptiste Lully, Sur-Intendant de la Musique de nôtre Chambre, Nous a fait remontrer que les Airs de Musique qu'il a cy-devant composez, ceux qu'il compose journellement par nos ordres, & ceux qu'il sera obligé de composer à l'avenir pour les pieces qui seront representées par l'Academie Royale de Musique, laquelle Nous luy avons permis d'établir en nôtre bonne Ville de Paris, & autres lieux de nôtre Royaume où bon luy semblera, étant purement de son invention, & de telle qualité que le moindre changement ou obmission leur fait perdre leur grace naturelle; de sorte que comme son esprit seul les produit pour les appliquer aux sujets qu'il y trouve proportionnez, nul autre ne peut si bien que luy rendre lesdits Ouvrages publics dans leur perfection, & avec l'exactitude qui leur est deuë. Et d'ailleurs, il est juste que si leur impression doit apporter quelque avantage, il revienne plutost à l'Autheur pour le recompenser de son travail, & de partie des frais qu'il avance pour l'execution des Desseins qu'il doit faire representer par ladite Academie, qu'à de simples Copistes qui les imprimeroient sous pretexte de Permissions generales ou particulieres qu'ils peuvent avoir obtenuës par surprises ou autrement; ce qui l'oblige d'avoir recours à nos Lettres sur ce necessaires. A CES CAUSES, voulans favorablement traiter l'Exposant, Nous luy avons permis & accordé, permettons & accordons par ces Presentes, de faire imprimer par tel Libraire ou Imprimeur, en tel Volume, Marge, Caractere, & autant de fois qu'il voudra, avec Planches & Figures tous & chacuns les Airs de Musiques qui seront par luy faits; comme aussi les Vers, Paroles, Sujets, Desseins & Ouvrages sur lesquels lesdits Airs de Musique auront esté composez, sans en rien excepter, & ce pendant le temps de trente années consecutives, à commencer du jour que chacun desdits Ouvrages seront achevez d'imprimer, iceux vendre & débiter dans tout nôtre Royaume, par luy ou par autre, ainsi que bon luy semblera, sans qu'aucun trouble ny empeschement quelconque luy puisse estre apporté, mesme par ceux qui pretendent avoir de Nous Privilege pour l'impression des Airs de Musique & Ballets, lesquels pour ce regard, en tant que besoin est ou seroit, Nous avons revoqué & revoquons par cesdites Presentes; Faisant tres-expresses inhibitions & deffenses à tous

Libraires, Imprimeurs, Colporteurs, & autres personnes de quelque qualité qu'elles soient, d'imprimer, faire imprimer, vendre & distribüer lesdites Pieces de Musique, Vers, Paroles, Desseins, Sujets, & generalement tout ce qui a esté & sera composé par ledit Lully, sous quelque pretexte que ce soit, mesme d'impression étrangere & autrement, sans son consentement ou de ses ayans cause, sur peine de confiscation des Exemplaires contrefaits, dix mille livres d'amende, tant contre ceux qui les auront imprimez & vendus, que contre ceux qui s'en trouveront saisis, & de tous dépens, dommages & interests; à la charge d'en mettre deux Exemplaires en nôtre Bibliothéque publique, un en nôtre Cabinet des Livres de nôtre Chasteau du Louvre, & un en celle de nôtre tres-cher & feal Chevalier Garde des Sceaux de France le Sieur d'Aligre, à peine de nullité des Presentes. Du contenu desquelles, vous mandons & enjoignons faire joüir l'Exposant & ses ayans cause, pleinement & paisiblement, cessant & faisant cesser tous troubles & empeschemens au contraire; Voulons qu'en mettant au commencement ou à la fin desdites Lettres l'Extrait des Presentes, elles soient tenuës deuëment signifiées, & qu'aux copies collationnées par l'un de nos amez feaux Secretaires, foy soit ajoûtée comme à l'Original. Mandons au premier nôtre Huissier ou Sergent, faire pour l'execution des Presentes, toutes significations, deffenses, saisies, & autres actes requis & necessaires, sans pour ce demander autre permission, nonobstant oppositions ou appellations quelconques, dont si aucunes interviennent, Nous nous en reservons & à nôtre Conseil la connoissance, & icelle interdisons & deffendons à tous autres Juges: CAR tel est nôtre plaisir. DONNE à Versailles le vingtiéme jour de Septembre, l'an de grace mil six cens soixante-douze; & de nôtre Regne le trentiéme. Signé LOUIS: Et plus bas, Par le Roy, COLBERT. Et scellé du grand Sceau de cire jaune.

www.ingramcontent.com/pod-product-compliance
Ingram Content Group UK Ltd.
Pitfield, Milton Keynes, MK11 3LW, UK
UKHW031941260826
14628UKWH00004B/1779

9 782329 337777